D1697488

RAINER EHRT **HUMANKAPITALANLAGE** CARTOONS

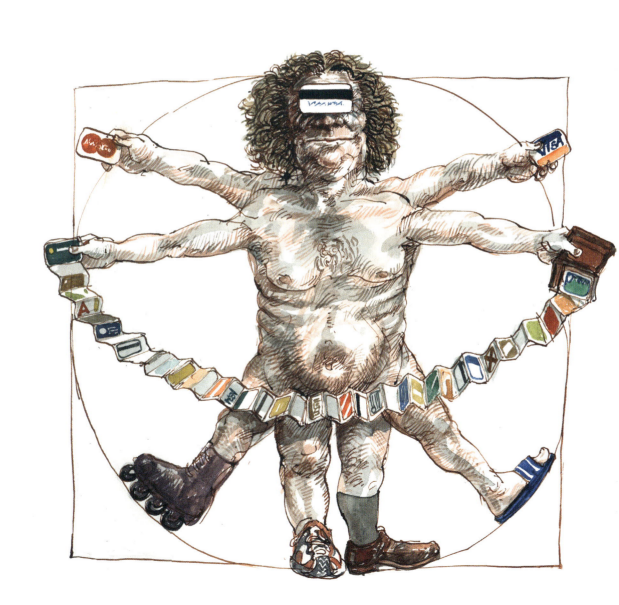

Wundern Sie, Her Ehrt, sich doch nicht. Gegessen wird, was schmeckt. Keine Kletten. Ihre Stacheligkeit bringt Sie nicht nach Hawaii. Griffelwütig kämpfen Sie sich durchs Welttheater, nichts und niemand ist vor Ihnen sicher, jedes Ding dient Ihnen dazu, seine innere Mistigkeit zu offenbaren: sophisticated, versponnen, detailwütig, barock, hinterfotzig.

Die Blüte Der Mensch Die Sau Der Irrsinn in sich.

Keine Filzlaus zu klein, kein Ereignis zu fern, kein Dichter zu tot – kein Müllberg zu steil, ihn nicht kritzelnd zu erklimmen. Ein Messner des Zivilisationsschrottes, einschließlich seiner intellektualen Emissionen, gepeitscht durch die Höllen urbaner Galaxien, kielholend – das Unterste zuoberst – die dümpelnde Arche, gehetzt von swatchtime und Bilderflut, gefoltert von Gewesenem und Ahnungen ... Zeichnen, zeichnen ...

Stefan Körbel 1994

Der feine oder grobe Zeichenstrich, der etwas wegzukritzeln scheint und es dabei herauskritzelt, der so weit an seinen Gegenstand herangeht, in ihn hinein, daß er entlarvt, der zu weit geht, der zu nahe tritt, der etwas heraus- und hervortreten läßt, das gern verborgen bliebe.

Es ist Graffitti der hohen Schule von Hogarth und Daumier, die unsere Alte Welt so alt erscheinen läßt, wie sie tatsächlich ist. Rainer Ehrts Bilder sind vehement und stiften - pardon - zu vehementer Rede an, die der stillere Betrachter mitnimmt als einen stummen Monolog, stumm, nicht dumpf. Der Käfer, der schon auf dem Rücken lag und mit den Beinchen zappelte, um wenigstens ausgekitzelt zu werden in seiner Lage, der Käfer hat sich berappelt, er wölbt die harte Schale trotzig auf und krabbelt, krabbelt die Spur dieser Linien ab, tastet sie ab mit seinen feinen Beinchen und lernt das Laufen wieder.

Es ist die Rückseite, es ist das im öffentlichen Raum sonst Ausgelassene. Kraftvolle Würfe gegen die Übermacht dessen, was in uns verführbar ist.

Eine latente Verkehrung ist da, verkehrte Gravitation, das Unterste zuoberst, eine Neigung, in den Raum zu stürzen und unten, tief unten auch keinen Halt zu gewinnen. Es ist ein latenter Schrecken in diesen Bildern, daß die Erde uns loslassen könnte, uns nicht mehr bei sich halten will, uns fallen läßt in die schwarze Leere.

Abwesenheit inmitten rastlosen Treibens – die verlassene Baugrube, das aufgelassene Fundament, ein Bild aus unbrauchbaren Rändern, da ist man mit der Gründung nicht zurand gekommen, geblieben ist die Grube, die den Blick versinken läßt und nirgends auffängt. Hier weiß man ohne es zu sehen, daß diese leeren Löcher abstürzen ins Bodenlose, und was man da an Fundamenten drüberhin und zwischendrein gespannt hat, ist schwerlich belastbar. Rainer Ehrt formuliert seine eigene Statik: Er zeichnet grund- und bodenlose Gründungen, zu schwer für diesen Ort, wo so viel Überhobenes zuschanden ging, er fragt, ob dieser Boden nicht ein Recht hat auf: Behutsamkeit, Bedachtsamkeit. Zu gründen hieße doch wohl, einen Grund zu haben.

Wo aber kommt das Licht her in diesen zu Schwärzungen neigenden Bildnissen? Es kommt von innen, wenn man länger davorsteht, diese radikale Trauer um uns Menschen kommt ohne einen Gran Larmoyanz aus, sie ist licht und heiter, von verwegener Gestik, von alptraumhafter Symbolik. Sie kommt aus klaren Gedanken, sie stößt sich ab von der Häßlichkeit, die uns umgibt, die in uns ist, es ist eine Roßkur und ein Spiel, der harte Besen, die Drahtbürste, die wir ertragen müssen, um geläutert und gereinigt und mit blankgeputztem Blick von hinnen zu schreiten.

Martin Ahrends 1999

Erste Satire- Publikation in: »Neue Berliner Illustrierte« März 1990

GOLGATHA LIVE TOURS

Anmerkungen zu Rainer Ehrts Lesebildern

Keine heldischen Vorbilder, keine »Gartenlaube«, eher Kontrast zwischen Ordensschmuck und Krüppel, Luxus und Armut. Golgatha Live Tours oder die Kuh als obskure Melkmaschine – wenn Rainer Ehrt daherkommt, sind bildgewaltige und bissige, stämmige und narrative Meisterwerke angesagt. »Es ist«, schreibt er selbst über seine sozialkritischen Werke, »die fleischliche und geistige Ur-Lust am erzählenden Zeichnen und zeichnenden Erzählen, das Sich-ein-Bild-machen von den eigenen Gedanken und Träumen, das sinnliche Abenteuern mit selbst erfundenen Gestalten auf einer fabulierend gefüllten Fläche.« So ist er stets mit Akkuratesse und Grandezza dabei, klug, boshaft und manchmal auch amüsant einer verseuchten und allergischen Welt die Leviten zu lesen. Konsum-Känguruhs, Gourmet-Frösche, Legebatterien, Genfood-Fans oder Kartenhaus-Stapel lassen grüßen.

Wie ein Walfisch, der mit Ungestüm aus dem Meer hervorbricht und mit Dreimastern Fußball spielt, wie eine männliche Minerva, die sich durch »Kriegslist« und Intelligenz auszeichnet, so beherrscht Rainer Ehrt die Gesetze anspruchsvoller Psychologie und dynamischer Bildsprache. Seine Zeichnungen wirken wie eine Ehe aus Schmerz und Freiheit, aus Macht und Liebe, mitten im Gesetz des Dschungels. Dabei leidet der Preußenfan an seinem Immunsystem wie ein Rheumatiker an seiner Diät. Aber mit einem streng analysierenden Geist und unerschöpflicher Phantasie verwirklicht er sein menschliches und künstlerisches Credo voller eigener Statik, voller kritischer Infusionen, mystizistischer Projektionen, Röntgenbilder und Akupunkturen. Jeder seiner Cartoons schärft und öffnet den Blick des Betrachters, intensiviert Gefühle und Wahrnehmungen, verwandelt dabei aber nicht gleich den Kopf eines Frosches in das Haupt des Apoll. Seine meisterhaften Mensch-Tier-Projektionen spiegeln menschliche Verfehlungen, Karzinome oder Leerläufe in symbolischen Tiergestalten wie Elefanten, Wanderheuschrecken, Raubfischen, Mäusen, Stieren oder Schafen. Ich bin sicher, Rainer Ehrt hätte dabei auch die Phantasie, sich mit Pinguinen und Hunden zu verbünden, um mit Kafkas Käfer Opern zu singen.

Wie ein Chamäleon die Farbe zu wechseln, ist nicht sein Ding. Sein geistiges, moralisches, sittliches und gesellschaftsoffenes Postulat wird bestimmt von einer Phänomenologie, die von der Metaphysik über den Existenzialismus bis hin zur Ambiguität des Leibes reicht. Den Menschen in einer egoistischen, konsumsüchtigen Ellenbogen- und Bereicherungsgesell-schaft ihre Goldgräbersucht und ihre verlorenen Utopien

Doppelseite in »Eulenspiegel« 2006

vor Augen zu führen, ist für Rainer Ehrt kein fiktives Spiel, sondern ein ernster, selbst der Lachlust entzogener Vorgang. Mit »pruzzer« Energie, nicht als Heilhypnose, aber mit einer Mischung »aus saurem Hering, Honig, Schlagsahne und einem kräftigen Schuß Schwefelsäure« (Ronald Searle) provoziert der hochgewachsene Kleinmachnower die Reflexion und die Konfrontation mit seiner Umwelt. Manchmal, etwa bei Kriegen, Terror- und Gewaltszenen, hat man den Eindruck, Ehrt selbst büße für uns eine Haftstrafe ab. Rational, als Künstler in seiner Gesellschaft, ist er (auch politisch) ein Pessimist; emotional verfolgt er die Hoffnung und Aussicht auf Besinnung und Veränderung. Ehrts »Humankapitalanlage« mit vielen narrativen Lebens- und Lesebildern, mit begeisternden filigranen Lineaturen ist ein virtuoses Beispiel für den Inbegriff von Cartoons und Karikaturen, die zugleich Wirklichkeit und Traumerlebnisse widerspiegeln.

Ehrts Seelenkampf mit den Skrupellosigkeiten, Grenzverletzungen und Sturzfahrten einer unbefriedigenden, materiell dominierten Welt schließt allerdings eine generelle Prise Fröhlichkeit und eine ungeschminkte Sinnlichkeit und Emotionalität nicht aus. Sie ist Teil einer künstlerischen und persönlichen Andacht, die man nicht auf einem einzigen Mikrochip speichern kann. Hier bleibt trotz globalem »Monoilpoly«, Bypass und Allergiesaison ein Anspruch auf kritisch-kluges Selbst- und Weltverständnis bestehen, der nicht nur melancholische oder groteske Spuren hinterlässt. Klarheit, die wehtut, beseitigt dabei so manche Sehschwäche.

Walther Keim 2007

Titelillustration »Nebelspalter« 08 /2001

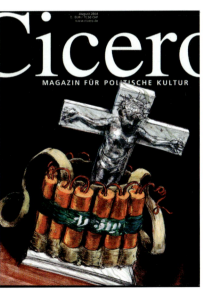
Titelillustration »Cicero« 08 /2004

Titelillustration »Eulenspiegel« 11 /2006

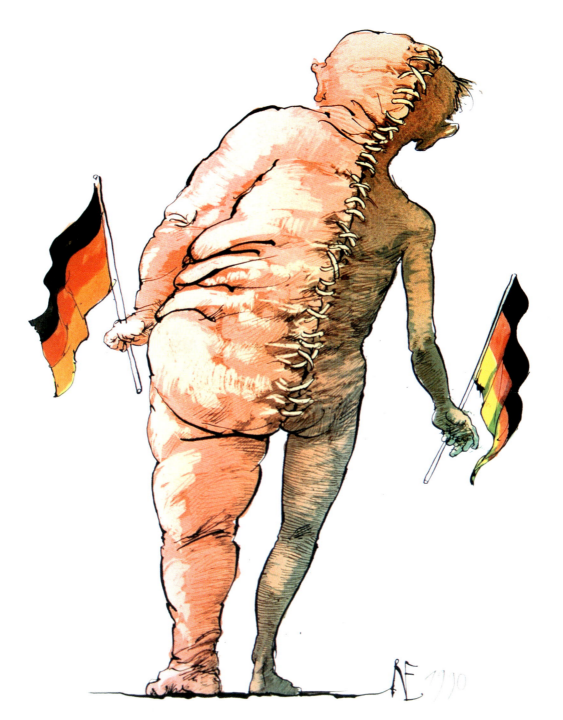

Deutsche! Auch im Urlaub den Gürtel enger schnallen!

Was sie schon immer über Krokodile wissen wollten...

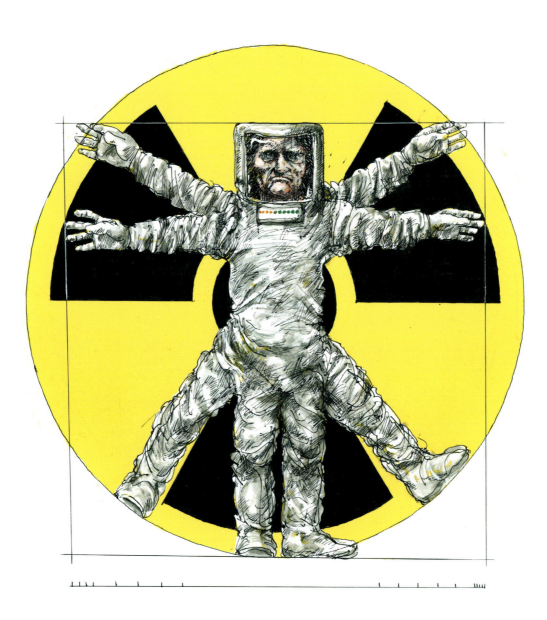

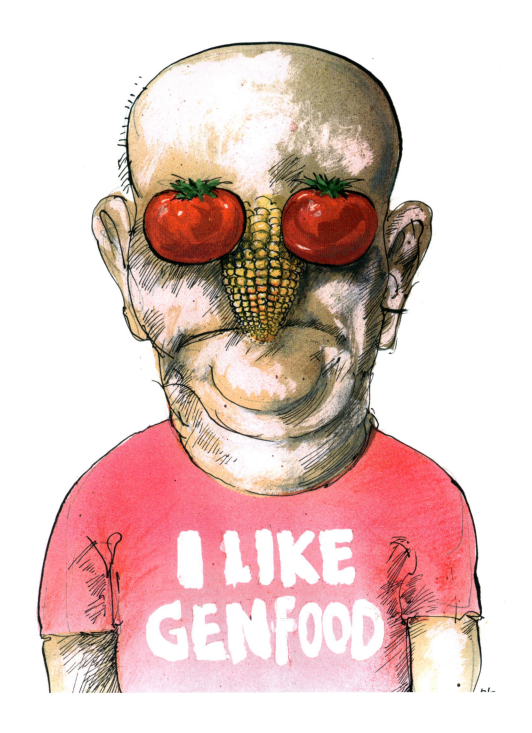

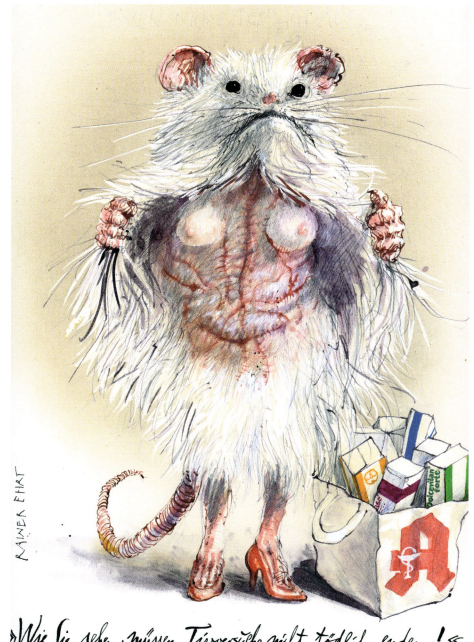

»Wie Sie sehen, müssen Tierversuche nicht tödlich enden!«

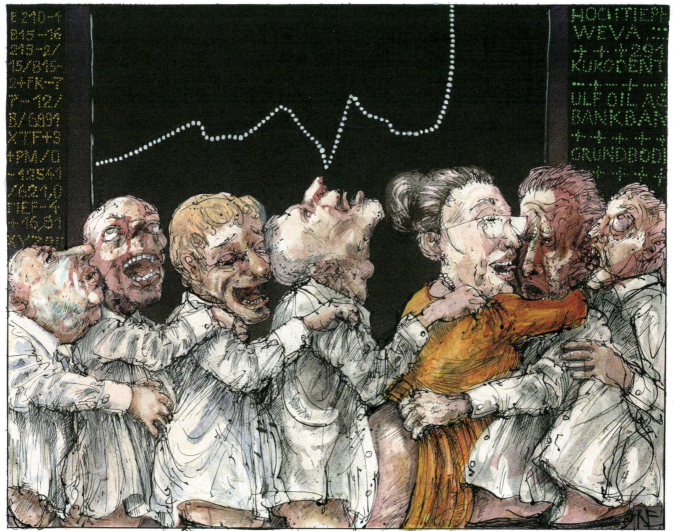
+FRANKFURT (DPA)+++FUSIONSFIEBER AN DER BÖRSE!!!+++FRANKFURT (DPA)+++FUSIONSFIE

Lasset die Kindlein zu mir kommen...

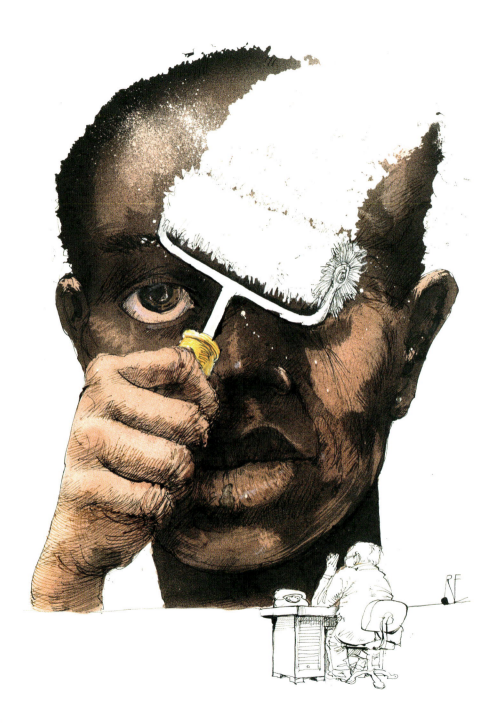

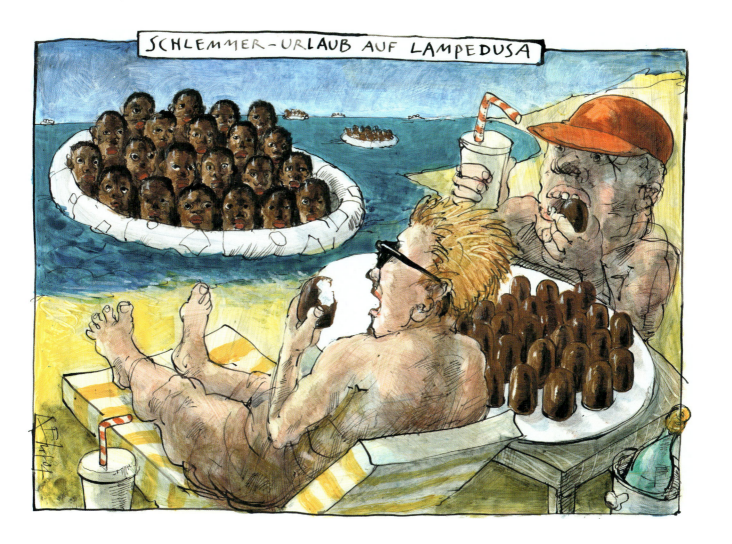

War against terrorism

Bomben auf Bagdad

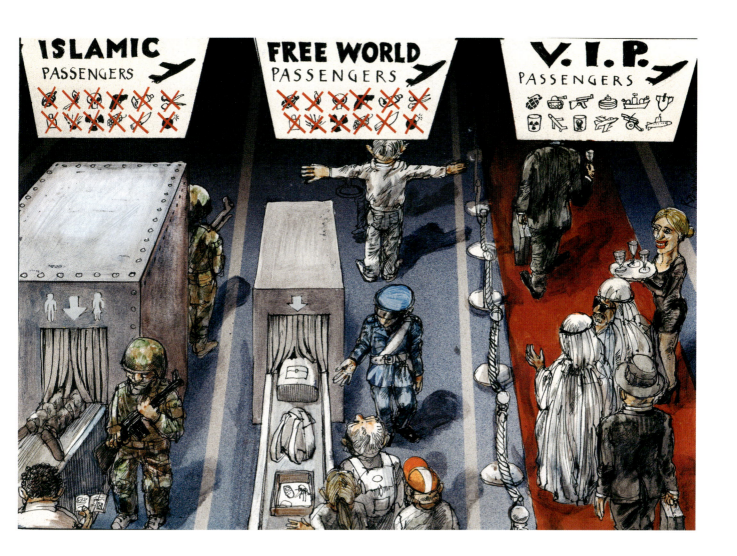

(Multinationaler Friedenseinsatz)

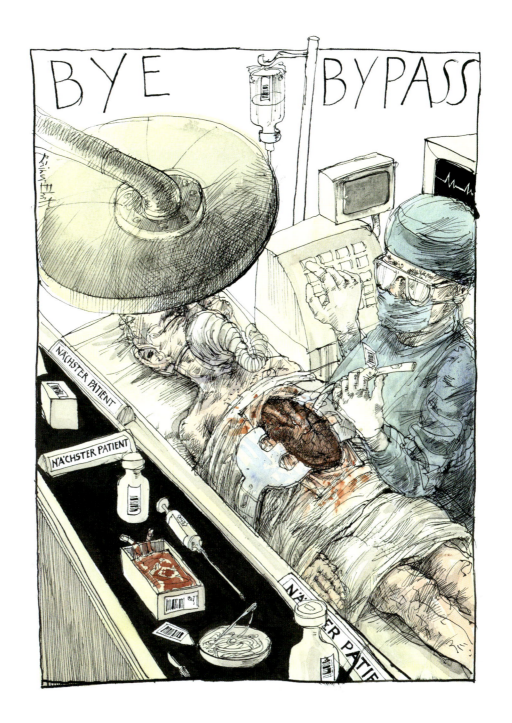

oder: Immer mehr Deutsche wagen den Sprung in die Selbständigkeit...

Deutsche Eiche
2006

Deutsche Eiche
1990

(Deutscher Wahlpferch)

Die Deutschen, THE GERMANS, les Allemands, das Volk der...

| Dichter und Denker, | Richter & Henker | Pichler & Trinker | Wichte & Stänker |
| Broker & Banker | Tipper & Penner | Schieber & Drängler | Lügner & Lenker... |

Heute schon...

RAINER EHRT

1960 in Elbingerode/Harz geboren
1979 Abitur in Wernigerode
1981/82 zwei Semester Designstudium
1982/83 Druckereiarbeiter in Halle und Leipzig
1983-88 Kunststudium an der Hochschule für Kunst und Design Halle/Burg Giebichenstein

ARBEITSGEBIETE
freie Grafik, Malerei, Cartoon/Illustration, Künstlerbuch, Holzplastik

lebt und arbeitet in Kleinmachnow bei Berlin

AUSSTELLUNGEN (E), BETEILIGUNGEN (B) (Auswahl)

centre d'information d'ambassade d'allemagne Paris 1993 (E)
OPEN-AIR-DOKUMENTATION »Tage von Potsdam« 1993 (P)
»Lichtenberg-Connection« Göttingen 1993 (B)
»Berliner Karikaturensommer« 1992 - 99 (B)
TRIENNALE GREIZ für Cartoon und komische Zeichnung 1994 - 2006 (B)
KARICARTOON Biennale der satirischen Zeichnung Leipzig (B) 1997 - 2007
»Seid Ihr Alle Weg« Politische Bilder aus dem Land Brandenburg; Brandenburg, Dominsel 1995 (B, P)
»Jesses Christo!« Galerie am Chamissoplatz Berlin 1995 (B)
»GutBürgerlich« Kunstverein Wernigerode 1995 (B, P)
»Gothaer Karikade« 1996-2002 (B)
»Politik in Prent« Den Haag, Parlament 1996/97/98 (B)
»Ein preußisches Narrenschiff« Landeszentrale für politische Bildung Potsdam 1996/97 (E)
Landesvertretung Brandenburg in Bonn 1998 (E)
»MÜLLERMOMMSEN« Altes Rathaus Potsdam 1998 (E)
»Traumschiff der Narren« Kunsthalle Dominikanerkirche Osnabrück 2000 (B)
Kurt Tucholsky Gedenkstätte Schloß Rheinsberg 2001 (E)
Galerie Cartoonfabrik Berlin 2001 (E)
»Hauptstadtmetamorphosen - Deutsche Bilder und Köpfe«, Landesvertretung Brandenburg Berlin 2001 (E)
»Nachbarn« Karikaturenmuseum Warschau 2001 (B)
»english lessons« CARICATURA Kassel 2002 (B)
»Gaumenfreuden« Kunsthalle Dominikanerkirche Osnabrück 2002 (B)
»Best of 2003 Illustration« 3x3 magazine, New York 2004 (B)
Kunstverein Marburg 2005 (B)
Friedrich-Naumann-Stiftung Potsdam 2006 (E)
Olaf- Gulbransson-Museum Tegernsee 2007 (E)
Ernst- Bloch- Stiftung Ludwigshafen 2007 (E)
»Preußisch Kariert« Römische Bäder im Park Sanssouci Potsdam 2007 (E)
»Till Eulenspiegel 2007« Bomann-Museum Celle 2007 (B)

ARBEITEN IM BESITZ VON:
Friedrich- Ebert- Stiftung, Land Brandenburg, Wilhelm- Busch- Museum Hannover, Staatl. Kunstsammlungen Cottbus, Stadt und Universität Göttingen, Staatl. Bücher- und Kupferstichsammlung Greiz, Landesbausparkasse Brandenburg, Bibliothek des Germanischen Nationalmuseums Nürnberg, Kleist- Museum Frankfurt/O, Kunstverein Rheinsberg, Anhaltische Landesbibliothek Dessau, Haus der Geschichte Bonn, Kupferstichkabinett der Staatlichen Museen Preußischer Kulturbesitz Berlin

VERÖFFENTLICHUNGEN u.a. in »Construktiv« (Berlin), »Eulenspiegel« (Berlin), »natur« (München), »Märkische Allgemeine« (Potsdam), »Das Magazin« (Berlin); »B.U.N.D. Magazin« (Berlin), »Literarische Welt« (Berlin), »Nebelspalter« (Horn, Schweiz), »Cicero« (Berlin); »Berliner Philharmoniker - das Magazin« (Berlin)
»Preußisches Panoptikum« Espresso - Verlag Berlin 2001
»Mozart 2006« Weingarten-Verlag 2006

6	Das Boot ist voll	Tusche/Acryl	30x40 cm 1990
7	Jetzt wächst zusammen...	Tusche/Acryl	40x30 cm 1991
8	Neues vom Klassenkampf	Tusche/Acryl	45x60 cm 2007
9	Auch im Urlaub Gürtel enger schnallen	Tusche/Acryl	38x46 cm 2005
10	Was Sie schon immer über Krokodile...	Tusche/Acryl	30x40 cm 1996
11	Legebatterie	Tusche/Acryl	30x20 cm 1998
12	Wetterfrosch	Tusche/Acryl	35x26 cm 1991
12	Fischkonserve	Tusche/Acryl	28x21 cm 1992
12	Matrjoschka-Mumie	Tusche/Acryl	28x21 cm 1991
12	Vogelstrauß	Tusche/Acryl	35x26 cm 1991
13	Prösterchen I	Tusche/Acryl	30x22 cm 1996
13	Prösterchen II	Tusche/Acryl	28x21 cm 2007
13	Chicken Farm	Tusche/Acryl	20x30 cm 1995
13	His masters voice	Tusche/Acryl	20x30 cm 1999
14	Let`s dance	Tusche/Acryl	30x26 cm 1991
15	Baum der Erkenntnis	Tusche/Acryl	30x46 cm 1992
16	Mutant nach Leonardo	Tusche/Acryl	30x25 cm 1997
17	I like Genfood	Tusche/Acryl	30x21 cm 1999
18	Auto-Angler	Tusche/Acryl	36x27 cm 1991
19	Freie Fahrt für freie Bürger	Tusche/Acryl	35x46 cm 1993
20	Rinder-Kreuzung	Tusche/Acryl	30x22 cm 1994
21	Tierversuche	Tusche/Acryl	30x22 cm 1996
22	Global Oil I	Tusche/Acryl	40x32 cm 2000
23	Global Oil II	Tusche/Acryl	30x40 cm 2003
24	Gourmet	Tusche/Acryl	40x30 cm 1993
25	Konsum-Känguruh	Tusche/Acryl	40x30 cm 1993
26	Golgatha-Tours	Tusche/Acryl	30x20 cm 1997
27	Pauschalurlaub	Tusche/Acryl	30x20 cm 1993
28	Diskretion bitte!	Tusche/Acryl	30x20 cm 1997
29	Fusionsfieber	Tusche/Acryl	30x20 cm 1999
30	TV-City	Tusche/Aqu.	40x30 cm 1997
31	Lasset die Kindlein...	Tusche/Acryl	30x20 cm 1992
32	Immigrant	Tusche/Acryl	30x20 cm 1996
33	Traumurlaub Lampedusa	Tusche/Acryl	30x40 cm 2004
34	Double dad shooting	Tusche/Acryl	25x25 cm 2001
35	War against terrorism	Tusche/Acryl	30x40 cm 2001
36	Bomben auf Bagdad	Tusche/Acryl	30x40 cm 2003
37	Security-check in	Tusche/Acryl	30x20 cm 2006
38	Multinationaler Friedenseinsatz	Tusche/Acryl	45x60 1997/07
39	Operation enduring freedom	Tusche/Acryl	33x25 cm 2003
40	Monoilpoly	Tusche/Acryl	30x43 cm 2005
41	Wüstensturm (thirsty for oil)	Tusche/Acryl	30x42 cm 2003
42	Europa & NATO	Tusche/Acryl	30x22 cm 1999
43	Euro-Eier	Tusche/Aqu.	20x27 cm 1999
44	Turmbau zu Brüssel	Tusche/Acryl	30x42 cm 2007
45	Paragraphenießer	Tusche/Aqu.	30x20 cm 2000
46	Allergiepatient	Tusche/Acryl	30x40 cm 1995
47	Auto-Arche	Tusche/Acryl	30x20 cm 1999
48	Herz-Auktion	Tusche/Aqu.	30x20 cm 2000
49	Bye-Bypass	Tusche/Aqu.	30x20 cm 2000
50	Schlaraffenland ist abgebrannt	Tusche/Acryl	30x40 cm 1998
51	Existenzgründerboom	Tusche/Acryl	40x30 cm 1998
52	Deutsche Eiche II	Tusche/Acryl	30x30 cm 2004
53	Deutsche Eiche I	Tusche/Acryl	40x30 cm 1990
54	Deutscher Wahlpferch	Tusche/Acryl	30x42 cm 2005
55	Deutscher Adler und Hasen	Tusche/Acryl	40x30 cm 2000
56	Die Deutschen...	Tusche/Acryl	30x42 cm 2000
57	Einigkeit und Recht und Freiheit...	Tusche/Acryl	30x42 cm 1999
58	Heute schon...	Tusche/Acryl	40x30 cm 1995
59	„Nationale Offensive"	Tusche/Acryl	30x40 cm 1994
60	Three monkeys	Tusche/Acryl	30x40 cm 1993
61	Kunst Macht Politik	Tusche/Acryl	30x40 cm 1993

Titels.: Credit Card man   Tusche/Aqu. 40x30 cm 2004
4. Umschlags.: Konsument, ultimativer   Tusche/Acryl 30x40 cm 2007

© EDITION EHRT
Kleinmachnow 2007

ISBN 978-3-00-021160-7

© für die Texte bei den Autoren
© Porträtfoto Jonas Walter, Berlin

Dank an:
Olaf - Gulbransson - Museum Tegernsee
Ernst - Bloch - Stiftung Ludwigshafen
Stefan Körbel, Liedermacher, Berlin
Martin Ahrends, Autor, Potsdam
Prof. Dr. Walther Keim, Publizist, Homberg